Giuseppe Raimondo

In cammino con Gesù

Giuseppe Raimondo

In cammino con Gesù

Itinerario sulla via di Emmaus

Edizioni Sant'Antonio

Imprint
Any brand names and product names mentioned in this book are subject to trademark, brand or patent protection and are trademarks or registered trademarks of their respective holders. The use of brand names, product names, common names, trade names, product descriptions etc. even without a particular marking in this work is in no way to be construed to mean that such names may be regarded as unrestricted in respect of trademark and brand protection legislation and could thus be used by anyone.

Cover image: www.ingimage.com

Publisher:
Edizioni Accademiche Italiane
is a trademark of
International Book Market Service Ltd., member of OmniScriptum Publishing Group
17 Meldrum Street, Beau Bassin 71504, Mauritius

Printed at: see last page
ISBN: 978-613-8-39171-5

INDICE

Introduzione

Nell'ultima visita del Papa a Palermo, lo scorso 15 settembre 2018, ai giovani che gli chiedevano in che modo potevano mettersi in ascolto del Signore, il Santo Padre rispondeva dicendo: "Dio si scopre camminando".

Con queste parole Papa Francesco li invitava a non rimanere inerti o comodamente adagiati nella pigrizia, quanto piuttosto a mettersi in cammino e spendersi per gli altri, dove il Signore vuole farsi incontrare.

Prendiamo spunto da questo monito per offrirvi un'icona biblica conosciutissima, ma sempre ricca di nuovi spunti di riflessione che provocano la nostra esistenza nel cammino verso la felicità: i discepoli di Emmaus.

Il presente testo vuole essere un piccolo sussidio che, attraverso il metodo della lectio divina, offra ai lettori sei tappe di un itinerario di riflessione e di spiritualità … un breve, ma intenso corso di esercizi spirituali.

Al lettore …

I giorni che dedichiamo ad un corso di esercizi spirituali sono giorni ricchi di grazia e di misericordia. Giorni in cui Dio si rivela alla nostra vita, ricolmandola d'amore e di felicità. Questo tempo che il Signore ci dona non è un tempo che abbiamo scelto noi di vivere. È Gesù che ci chiama "in disparte" e ci invita a lasciare le occupazioni di ogni giorno per abbandonarci a Lui. Ciò che più ardentemente desidera da noi è la nostra santificazione. Rispondiamo positivamente senza esitare, con generosità e sollecitudine, corriamo a ristorare le nostre forze esaurite. Portiamo a Lui e in Lui la nostra debolezza, le nostre sofferenze affinché le trasformi da "ferite" in "feritoie" della grazia per la potenza dello Spirito Santo.

Egli ci attende nel "deserto" del nostro cuore per parlarci e trattare con noi degli interessi della nostra persona … della nostra felicità. È questo uno dei primi elementi perché possiamo vivere positivamente il tempo degli esercizi spirituali: il silenzio, la quiete, il ritiro. Unitamente al silenzio è assai prudente garantire alla propria persona un tempo congruo per vivere positivamente e con frutto l'esperienza. Da ultimo, condizione importantissima è il portarli avanti secondo un metodo preciso.

Viviamo questi giorni facendoci accompagnare dalla pericope dei discepoli di Emmaus. È questa, a nostro avviso, una delle pagine più significative di Luca perché sembra delineare con estrema delicatezza e verità la storia di ciascuno di noi.

Il metodo che suggeriamo è quello tradizionale della *lectio divina*. Ogni giornata di ritiro è scandita dalle cinque tappe: *lectio*, *meditatio*, *oratio*, *contemplatio*, *actio*, che preferiamo indicare rispettivamente con: *leggo la Parola*, *mi lascio interrogare dalla Parola*, *prego la Parola*, *faccio mia la Parola*, *vivo la Parola*; a cui abbiamo voluto aggiungere una altro gradino *sui sentieri dello Spirito* come un confronto immediato con dei testimoni. Spendiamo una breve parola su ciascuno di questi aspetti.

Con *leggo la Parola* siamo invitati a scorrere attentamente il brano. In questa prima fase è necessario cogliere qual è la struttura del testo con un'attenzione particolare alle singole parole, ai verbi. Dare attenzione anche alle parole a alle frasi secondarie, importanti anch'esse per la comprensione dell'intero brano. Per questa prima fase viene fornito il testo di riferimento. Si lascia al singolo il lavorio sul testo.

Mi lascio interrogare dalla Parola è quella fase in cui ci fermeremo su alcuni dei significati migliori della fase precedente, con lo scopo di trovare dei riscontri in altri testi della Scrittura. Offriamo a tal ragione di seguito un esempio di meditazione. Quindi ciascuno è chiamato a lasciare agire in sé la grazia di Dio perché la Parola possa penetrare nella sua vita ed illuminarla. Inizia qui la fase del discernimento. Non c'è nulla che, esposto ad una grande luce, possa rimanere nascosto e privo di ombra. È quanto accade alla nostra vita quando viene investita dalla viva forza della Parola di Dio.

L'accoglienza gratuita e disinteressata della Parola, che entra nella nostra vita per provocarla, superarla, trasformarla, sfocia automaticamente nella fase successiva *prego la Parola.* La preghiera è allora risposta ad un Dio che si fa prossimo e ci parla. È, per dirla con un'icona biblica giovannea, l'incontro tra la sete di un Dio che ci chiede da bere e la nostra sete.

La capacità poi di cogliere e vivere le situazioni della vita come manifestazione di Dio nella storia personale di ciascuno di noi, e godere per la nostra immersione in Dio, costituisce il quarto gradino della *lectio divina*: *faccio mia la Parola.*

Perché l'esperienza di Dio vissuta attraverso l'ascolto, la preghiera, la contemplazione non rimanga sterile, ma porti frutti che in noi germogliano come semi per il godimento della vita eterna, *vivo la Parola* ci suggerisce un piccolo impegno da vivere nel corso della nostra giornata come espressione più vera ed autentica dell'incontro con il Dio della vita.

Infine, come si accennava, *sui sentieri dello Spirito* ci offre la possibilità di confronto con alcuni esempi concreti, tratti direttamente dalla vita di santi o da studi paralleli.

PRIMO GIORNO

DUE DI LORO ERANO IN CAMMINO

ALLA RICERCA DEL SENSO DELLA VITA

LEGGO LA PAROLA

13Ed ecco, in quello stesso giorno due di loro
erano in cammino per un villaggio di nome
Èmmaus, distante circa undici chilometri da
Gerusalemme, 14e conversavano tra loro di tutto
quello che era accaduto. 15Mentre conversavano e
discutevano insieme, Gesù in persona si avvicinò e
camminava con loro. 16Ma i loro occhi erano
impediti a riconoscerlo.

MI LASCIO INTERROGARE DALLA PAROLA

Addentriamoci nel testo, così ricco di particolari, per scorgere quanto ancora oggi ha da dire alla nostra vita. Lo facciamo soffermandoci anzitutto su alcuni termini o espressioni.

Luca ci tiene a dare al lettore la connotazione temporale di quando si sta svolgendo il fatto: siamo "in quello stesso giorno". Siamo davanti all'oggi di Dio, al giorno della salvezza. Il giorno cui si fa menzione altro non è che il giorno di Pasqua, ossia, per definirla con l'apostolo Giovani, il passaggio di Gesù da questo mondo al Padre attraverso la sua passione e risurrezione. «Festa primordiale» della comunità cristiana, pasqua settimanale, sintesi mirabile e viva di tutto il mistero della salvezza, dalla prima venuta del Cristo all'attesa del suo ritorno, la domenica ha costituito, con il suo ritmo settimanale, il nucleo primitivo della celebrazione del mistero di Cristo nella successione dei diversi tempi e dell'intero anno liturgico. Se la domenica è detta giustamente «giorno del Signore» (*dies Domini*), ciò non è innanzitutto perché essa è il giorno che l'uomo dedica al culto del suo Signore, ma perché essa è il dono prezioso che Dio fa al suo popolo: «Questo è il giorno fatto dal Signore: rallegriamoci ed esultiamo» (*Sal 117,24*). «Tutto ciò che Dio ha creato di più grande e di più sacro - ricordava Leone Magno - è stato da lui compiuto nella dignità di questo giorno»: l'inizio della creazione, la risurrezione del Figlio suo, l'effusione dello Spirito Santo, ebbero ugualmente luogo in questo giorno. Per questo, nessun altro giorno è altrettanto sacro quanto la domenica» (DD 1-2).

I nostri protagonisti sono in due. Significativo, a nostro avviso, questo dettaglio. Luca lo aveva già sottolineato, parlando della missione dei settantadue discepoli (cfr. *Lc 10,1*). L'uso di andare a coppie era tipico dell'ambiente e della cultura giudaica. Nella sapienza biblica, infatti, viene evidenziata l'importanza dell'andare a coppia: «due valgono più di uno solo, perché sono ben ricompensati della loro fatica. Infatti, se l'uno cade, l'altro rialza il suo compagno; ma guai a chi è solo e cade senz'avere un altro che lo rialzi!» (*Qo 4,9-10*). Si tratta di due unità che si incontrano e, riconoscendosi diversi, si accolgono per arricchirsi e crescere insieme, condividendo sofferenze, povertà, ma anche successo. In tal modo essi costituiscono una comunità che dà testimonianza concreta dell'amore cristiano.

Di loro viene precisato che sono in cammino. Non assumono cioè una posizione statica, essi sono in movimento. Chi si muove non può non scoprire cose nuove, fare incontri, accrescere la sua conoscenza … ma inevitabilmente, per costituzione fisica, sperimentare anche stanchezza. Diventa allora indispensabile per chi si mette in cammino darsi una tabella di marcia, stabilendo ritmi, percorsi preferenziali, tempi tecnici, rallentamenti e accelerazioni … perché no, anche delle soste.

Nessuno però è così stolto da mettersi in viaggio senza prima aver stabilito la meta da raggiungere. Darsi un obiettivo è fondamentale. E questo sarà tanto più sensato quanto più concretamente raggiungibile. Se poi si sceglie di condividere la strada con altri, allora tutto sembra diventare magicamente più interessante, più facile.

Tutta la vita dell'uomo è un continuo "camminare" alla ricerca della propria felicità. Il camminare, tuttavia, diventa un vagare a vuoto se non si ha ben chiaro quale sia la "strada" da battere per raggiungere più speditamente la felicità. La scelta non è certo indifferente o frutto della propria bravura. Un progetto di amore è pensato da sempre per ciascuno. Conoscerlo e perseguirlo deve essere l'unica ragione di vita. La felicità, quella vera, è nascosta lì. Solo nell'adempimento di quel progetto di amore nella vita di ciascuno è possibile realizzare se stessi e raggiungere la sospirata felicità.

Tornando al nostro testo, non possiamo trascurare un dettaglio, a nostro avviso, indicativo. I due, infatti, volgono le spalle a Gerusalemme, la città santa, il luogo dove Dio ha posto la sua dimora, secondo la mentalità ebraica. Per noi, inoltre, compiono un cammino inverso da quello percorso da Gesù. Questi infatti non esitò a salire speditamente verso Gerusalemme (cfr. *Lc 9,51*), camminando davanti a tutti (cfr. *Lc 19,28*), benché lì ad attenderlo ci sarebbe stata la morte, nell'adempimento del progetto del Padre. Precedentemente Luca aveva presentato nel racconto della parabola del buon samaritano una situazione simile: «un uomo scendeva da Gerusalemme a ...» (*10,29-37*). Stando a quanto affermano gli esegeti, sembra quasi voglia riproporre con immagini diverse il cammino di Adamo che, scoperta la sua nudità, cerca di fuggire e nascondersi da Dio.

I nostri protagonisti, accompagnandosi a vicenda nel loro cammino verso Èmmaus, si intrattenevano discutendo su quanto accaduto. Letteralmente, preferendo la versione greca del verbo, "si facevano l'omelia", raccontando l'uno all'altro quanto era al centro del proprio cuore: la ricerca di un Amico, Gesù, che, stando al loro racconto, non c'era più.

Sempre per restare fedeli al testo greco, è emblematico che si sottolinei come nel loro conversare i due quasi litighino, scaricando l'uno sull'altro la propria delusione.

Ci sia concessa allora a questo punto una parola in più sul valore dello stare insieme, della compagnia. L'uomo per sua natura è un essere "comunità". Dal primo istante infatti Dio, Comunità di Persone, lo crea a sua immagine e somiglianza dando così vita alla creatura umana nelle sue due forme di maschio e femmina. L'uomo, dunque, non può stare da solo. Quella della compagnia, dell'amicizia, diventa allora nella sua vita un elemento imprescindibile perché si realizzi in lui la vocazione all'amore. Per quanto importante però, dobbiamo riconoscere, e il nostro brano ci dà motivo di pensarlo, che non sempre il livello di compagnia che due persone possono donarsi reciprocamente sia corretto. Talvolta, infatti, può rivelarsi illusorio e controproducente come nel nostro caso, in cui la delusione di entrambi è così forte che non fa che appesantire il rapporto e precipitare i due in una tristezza sempre più profonda. Sembra infatti che nessuno sappia mettere da parte il proprio "io", la sua storia, la propria delusione, per fare spazio all'altro, accoglierlo, sostenerlo ... In questo modo la ricerca del "tu" per la costruzione di un "noi", in sintonia con quel progetto di amore con cui Dio ci ha creati, sfocia in un ironico girotondo attorno al proprio "io".

In questo scenario così umanamente sconfortante accade l'imprevisto. Riporta san Luca: «Gesù in persona si avvicinò e camminava con loro». Quella relazione umana, così scontata, forse banale, certamente dannosa, diventa il sostrato su cui si innesta una nuova amicizia: quella di Gesù. Egli si accosta ai due per provocarli e donare qualità al loro stare insieme.

Purtroppo però Cleopa e socio non erano preparati a questo incontro così importante. La loro delusione, che li aveva accompagnati fino ad allora, rendendoli scostanti e cupi, impediva loro di riconoscere il Maestro, che, guarda caso, era l'oggetto della loro discussione.

È quanto capita a noi tutte le volte che presi dai nostri piccoli o grandi problemi ci chiudiamo così tanto in noi stessi da non riuscire a cogliere quanto accade attorno a noi. Non riuscire addirittura a percepire che a camminarci accanto è lo stesso Gesù, il solo capace di darci una mano per risollevarci dal nostro "buio". Sì ... è Lui che spontaneamente fa il primo passo senza attendere che siamo noi a cercarlo per primi. Del resto non potremmo neanche, non ne avremmo il coraggio, talvolta, né la forza.

Alziamo allora il nostro sguardo, apriamo i nostri occhi! Riconosciamo in chi ci sta accanto la presenza discreta e propositiva di Colui che da sempre ha pronunciato e continua a pronunciare il nostro nome con amore per provocarci e promuovere la nostra esistenza. Non accontentiamoci di vivere amicizie banali! Apriamo il nostro cuore e tutto il nostro essere a relazioni autentiche e cariche di significato.

Prego la Parola

Sofferenza, delusione, rabbia…la fine di un sogno!
All'orizzonte della nostra vita si è presentata la croce!
Ci fa paura, Signore, la sentiamo troppo pesante,
incomprensibile.
Vogliamo solo fuggirla, cercare un'altra strada,
ritornare alle nostre sicurezze di un tempo.

Camminiamo, incerti e confusi sul dove stiamo
andando,
ripiegati su noi stessi, con l'animo aggrovigliato.
Camminiamo insieme, ma incapaci di alzare lo sguardo,
ci sentiamo dentro infinitamente soli
nonostante l'altro che ci cammina accanto.

Aiutaci, Signore, a non gettare sull'altro l'amarezza
per le nostre speranze tradite e i nostri sogni infranti.
Aiutaci a guardare negli occhi il nostro fratello
per scoprirne e accoglierne tutta la ricchezza,
per condividere con lui i desideri profondi
che dimorano nell'intimo del nostro essere.

Soprattutto, Signore, fa' che il nostro cuore
riconosca nell'altro la tua presenza amorevole e silenziosa,
che ci trasforma interiormente,
che accompagna il nostro cammino,
che ci chiama alla gioia dell'incontro autentico.
Amen.

FACCIO MIA LA PAROLA

Guardo alle persone che mi stanno accanto come la manifestazione più grande di un Dio che mi ama e, camminando al mio fianco, mi provoca per promuovere la mia vita.

VIVO LA PAROLA

Oggi valorizzerò di più chi mi sta accanto.

SUI SENTIERI DELLO SPIRITO

«Le strutture monastiche tradizionali, per Chiara come per Francesco, non si addicevano alle loro aspirazioni, alle nuove intuizioni. Si misero quindi, alla ricerca di forme nuove per vivere una vita evangelica radicale, nella diversità e nella complementarietà; si trattava di un'avventura che si definiva e si chiarificava cammin facendo. Vi era comunque un "Centro" indiscusso e chiaro, dove i due santi convergeranno sempre, fino alla morte: l'obbedienza allo Spirito, la passione forte e indiscussa nel seguire Cristo povero, in fraternità e solidarietà con gli ultimi, sia a San Damiano come per le strade del mondo. In questo cammino di espropriazione e liberazione sempre più radicale, questa passione avrà sempre più bisogno del sostegno fraterno: così Francesco, che aveva già gustato l'esperienza della compagnia dei fratelli, sarà vicino a Chiara e alle sue sorelle per affrettarsi insieme verso l'unico "Sposo": l'ispirazione è unica, la meta è unica, la *Fraternitas* è unica!

Nella vita evangelica non si lascia l'affetto e la sicurezza della famiglia, il lavoro, i beni per costruire un'altra comunità "calda" e soddisfacente in se stessa: si è sedotti da Qualcuno; ci si separa per allargare gli orizzonti dell'amore, un amore condiviso con tutti e senza limiti di tempo. Insieme si intraprende il lungo cammino! "Il Regno dei cieli è simile a un tesoro, nascosto in un campo, che un uomo, avendolo trovato nasconde; e, nella sua gioia, va e vende tutto quanto ha e ompre quel campo" (Mt 13,44). La gioia dell'amore, del "tesoro" trovato e dell'incontro è l'esperienza di essere posseduti da Dio, da una missione che trasforma progressivamente la vita di Francesco e di Chiara, illuminando di una luce speciale la loro stessa relazione.

Questa ricerca fatta insieme, nasce senza dubbio dal cambiamento repentino di vita fatto da Francesco. Chiara è affascinata e contagiata dalla passione evangelica del Poverello; si avventura anche lei su questo cammino pur non conoscendo ancora dove la conduce: la fiducia in Dio di Chiara e Francesco sono assolute! Non sono affatto spaventati se le forme e le modalità di questa sequela non sono ancora chiare; insieme potranno definirle e le definiranno in una collaborazione fraterna».

(BINI Giacomo, *Chiara e Francesco: insieme nella sequela di Cristo*, in AA.VV., *Come Chiara e Francesco. Storie di amicizie spirituali*, "A due voci", Ancora, Milano 2007, 57-58).

SECONDO GIORNO

NOI SPERAVAMO

A CONFRONTO CON I NOSTRI LIMITI

LEGGO LA PAROLA

17 Ed egli disse loro: «Che cosa sono questi
discorsi che state facendo tra voi lungo il
cammino?». Si fermarono, col volto triste; 18 uno di
loro, di nome Clèopa, gli disse: «Solo tu sei
forestiero a Gerusalemme! Non sai ciò che vi è
accaduto in questi giorni?». 19 Domandò loro:
«Che cosa?». Gli risposero: «Ciò che riguarda
Gesù, il Nazareno, che fu profeta potente in opere
e in parole, davanti a Dio e a tutto il popolo; 20
come i capi dei sacerdoti e le nostre autorità lo
hanno consegnato per farlo condannare a morte e
lo hanno crocifisso. 21 Noi speravamo che egli
fosse colui che avrebbe liberato Israele; con tutto
ciò, sono passati tre giorni da quando queste cose
sono accadute. 22 Ma alcune donne, delle nostre,
ci hanno sconvolti; si sono recate al mattino alla
tomba 23 e, non avendo trovato il suo corpo, sono
venute a dirci di aver avuto anche una visione di
angeli, i quali affermano che egli è vivo. 24 Alcuni

dei nostri sono andati alla tomba e hanno trovato come avevano detto le donne, ma lui non l'hanno visto».

MI LASCIO INTERROGARE DALLA PAROLA

Gesù non si limita ad accostare i due amici lungo la strada, ma con tratto, potremmo dire, indiscreto si intromette nel loro discorso. Ciò che lo muove non è certo pura curiosità; quanto piuttosto il desiderio di permettere loro di scoprire ciò che nascondono nel cuore per dare un nome alla loro delusione. Sicuri di sé, avanzavano presuntuosi, noncuranti di sprofondare ad ogni passo sempre più giù nel dolore più cupo. La domanda con cui Gesù li provoca, spingendoli a raccontarsi, aveva proprio questo scopo: aiutarli a scoprire la causa del loro malumore.

Non possiamo nascondere che anche noi ci troviamo spesso ad essere "stranieri" a noi stessi. Pensiamo di possederci, di avere in mano tutto il nostro vissuto e la nostra vita … in realtà viviamo solo una grande illusione. Non conosciamo nulla. Fingiamo di sapere, mostrandoci sereni, invece dentro siamo distrutti. La nostra vita ci sfugge di mano … del nostro futuro non conosciamo nulla … sogniamo la felicità, ma: dove cercarla?

Affermare a tutti i costi di conoscersi integralmente, di essere padroni assoluti di ogni cosa che sta accadendo nella nostra vita è, in realtà, un atto di vera e propria presunzione. Anche i due di Èmmaus pensavano di conoscersi, ma di fatto altro non sanno che delusione e amarezza!

Raccontarci … raccontare noi stessi, la nostra storia, le nostre avventure più o meno belle ed edificanti, è la prima soluzione al nostro malessere. Attraverso la riconsiderazione della nostra vita è possibile scorgere dove si annida la ragione della nostra "tristezza".

È quello che fa Gesù con i due. Essi iniziano a raccontare quanto è avvenuto nella loro storia. In essa vi riconoscono che Gesù è il centro di tutto il loro dire. Ne tracciano un profilo apparentemente perfetto, ma certamente incompleto. Il loro dire infatti, più che annuncio della Buona Novella, appare come dichiarazione della morte della speranza. Si rendono conto delle loro false attese: «noi speravamo», prendendo atto di quanto sta all'origine della loro tristezza e della loro delusione.

Comprendiamo che quanto Gesù chiede ai due, ossia le rilettura della loro vita, non è qualcosa di semplice o di scontato. Tutt'altro! Presi dalle nostre paure, tendiamo a chiuderci in noi stessi, fuggendo da tutti … anche da Dio.

Nel Vangelo di Luca non è la prima volta che Gesù interroga i suoi. Già al capitolo 9,18-21 Egli aveva chiesto delucidazioni su cosa la gente pensava di lui per poi conoscere che idea essi stessi si stavano facendo del loro maestro.

Dobbiamo ravvisare che certamente saremmo colti da un certo imbarazzo, se la stessa domanda fosse rivolta a noi su due piedi. Forse rispondere al primo quesito non tornerebbe eccessivamente difficile. In fondo si tratterebbe di riportare qualcosa che nasce da un sentire comune. Ma alla domanda «ma voi, chi dite che io sia?» (*9,20*) certamente cominceremmo a tentennare. C'è un rischio di fondo in tutto questo. Il problema, infatti, non nasce dal conoscere *qualcosa* di Gesù limitatamente a quanto abbiamo colto dal suo *dire* o dal suo *fare*, come la gente del tempo. La questione consiste nel riconoscerlo a partire da quanto egli riesce ad *essere* nella nostra vita oggi.

Anche in questo caso, però, la situazione non è del tutto pacifica. Con Pietro, infatti, possiamo affermare che Gesù è il «Cristo di Dio», l'inviato dal Padre per la nostra salvezza, a partire da rimembranze, più o meno sentite e condivise pienamente, di nozioni acquisite nel cammino di preparazione ai sacramenti, di omelie o di letture. Ciò però non basta.

Dal racconto che di questa stessa pericope ne fa Matteo nel suo Vangelo, alla professione di Pietro segue l'elogio di Gesù (cfr. *Mt 16,17-19*). Quindi l'evangelista racconta l'annuncio che Gesù fa della sua passione (cfr. *Mt 16,21; Lc 9,22*). A questo punto, però, Matteo traccia un altro dialogo tra Gesù e Pietro, il quale, udite le parole del maestro, vuole scongiurare l'obbrobrio della passione. Alla reazione del discepolo, pochi istanti prima apostrofato come "beato", Gesù lo rimprovera, definendolo addirittura come "Satana" (cfr. *Mt 16,23*). Il suo modo di guardare all'evento della croce del maestro stava dando solo cattivo esempio.

Riconoscere allora Gesù come il Cristo della nostra vita ci impegna a rivedere che posto occupa la croce nella nostra esistenza. La messianicità di Cristo non è disgiunta dalla croce. Pietro, ma anche Cleopa e socio, erano troppo presi dalla figura del Messia liberatore promesso dalle Scritture, trascurando però un altro aspetto parimenti importante del Messia: la dimensione profetica del servo sofferente (cfr. *Is 42; 48; 50; 52,13; 53,12*), che Gesù ha incarnato nella sua vita più di qualunque altra: «il Figlio dell'uomo infatti non è venuto per farsi servire, ma per servire e dare la propria vita in riscatto per molti» (*Mc 10,45*).

Siamo chiamati a riconoscere che il dolore nella nostra vita è spesso un mistero, ma sempre un mistero d'amore paterno. A quanti scelgono di spendere la loro vita dietro Gesù non è promessa nessuna prosperità o esenzione dal dolore: la sequela è imitazione nella sofferenza (cfr. *Lc 9,23-24*). Gesù non è venuto a portare la croce, ma neanche ad abolirla. Egli è venuto a trasmetterci luce e forza necessari a trasformare il dolore in amore nella certezza che c'è un Padre nei cieli che dispone tutto, anche la sofferenza, per un bene più grande dei suoi figli.

L'esperienza dell'Apostolo Paolo testimonia come di fronte alla prova e alla sofferenza egli non perde il coraggio, né si lascia andare ad autocompassione o a sterili lamentazioni. Matura, invece, la coscienza "cristica" della forza potente della debolezza; coscienza che si pone come condizione e meta di ogni discepolo di Gesù, chiamato e mandato per annunciare e testimoniare il Vangelo: «In tutto, infatti, siamo tribolati, ma non schiacciati; siamo sconvolti, ma non disperati; perseguitati, ma non abbandonati; colpiti, ma non uccisi, portando sempre e dovunque nel nostro corpo la morte di Gesù, perché anche la vita di Gesù si manifesti nel nostro corpo» (*2 Cor 4,8-10*).

Da quanto emerge dagli scritti paolini possiamo constatare la molteplice natura delle prove a cui fu soggetto Paolo: fame, sete, nudità, persecuzione, calunnia, tribolazioni, percosse, prigionia, tumulti, fatica... (cfr. *1 Cor 4,8-13; 2 Cor 4,7-12; 6,3-10; 11,23-29*).

Non sarebbe corretto però far passare inosservato il modo con cui l'Apostolo conclude uno degli elenchi in cui narra le sue vicissitudini (cfr. *2 Cor 11,23-29*). Egli chiude il suo dire con un «aneddoto conclusivo (*vv. 32 s.*), posto sotto il segno della debolezza (*v. 30*) e confermato da un giuramento solenne (tutto il *v. 31*)»: «Se è necessario vantarsi, mi vanterò della mia debolezza» (*2 Cor 11,30*). Lungi dal leggere questa affermazione come una superba esaltazione di se stesso, comprendiamo l'enunciato nella certezza di Paolo che «come abbondano le sofferenze di Cristo in noi, così, per mezzo di Cristo, abbonda anche la nostra consolazione» (*2 Cor 1,5*). È Cristo a dare un senso alle sue sofferenze. Se uniti a Lui, il dolore, seppur disumano, subisce un cambiamento di prospettiva.

Al conforto derivante dalla comunione con Cristo si aggiungono altre due ragioni a dare un senso diverso alla tribolazione. Anzitutto la piena consapevolezza di Paolo che la sofferenza del cristiano è associata a quella redentrice del Cristo: «Ora io sono lieto nelle sofferenze che sopporto per voi e do compimento a ciò che, dei patimenti di Cristo, manca nella mia carne, a favore del suo corpo che è la Chiesa» (*Col 1,24*). Come il Cristo sofferente ha espresso mirabilmente tutta la sua solidarietà con gli uomini, così ogni uomo provato nel corpo e nello spirito è chiamato a vivere il suo dolore in comunione con la Chiesa. Ci piace inoltre sollevare all'attenzione del lettore la puntualizzazione che Romano Penna offre dell'espressione dell'Apostolo: «Il testo – fa riferimento alla traduzione letterale dal greco – infatti non dice che io completo nella mia vita quello che manca alla passione di Cristo, ma dice che io completo ciò che manca alla passione di Cristo nella mia vita; cioè: il completamento "nella mia carne" va unito non al verbo "completare" ma al costrutto "ciò che manca alle sofferenze di Cristo". La prospettiva cambia enormemente. Una versione errata del testo suggerisce che i patimenti del Cristo siano incompleti e insufficienti al fine della salvezza della chiesa, corpo di cristo, e che perciò l'impegno dei cristiani può e deve colmare le lacune purtroppo lasciate dalla sua passione [...] il concetto di manchevolezza non riguarda affatto le sofferenze di Cristo, ma riguarda soltanto la nostra partecipazione ad esse. È “nella mia carne”, cioè nella nostra vita, che manca ancora sempre qualcosa per dedicarci alla chiesa in corrispondenza a quanto ha fatto il Cristo, che l’ha amata e ha dato totalmente se stesso per lei al fine di renderla bella, senza macchia né ruga (cf. *Ef 5,25-27*)» (R. PENNA, *La sapienza della croce in Paolo*, in *Parola, Spirito e Vita*, 2(2003)48, 151).

La seconda ragione per cui, al dire di Paolo, il dolore non conduce alla disperazione, ma alla speranza, la riscontriamo nella lettera ai Romani: «Ritengo infatti che le sofferenze del tempo presente non siano paragonabili alla gloria futura che sarà rivelata in noi» (*Rm 8,18*). L'Apostolo afferma con chiarezza, senza esitazione, che per colui che crede in Cristo la certezza della gloria futura persiste e non è minacciata per nessuna ragione. Questa asserto è da Paolo giustificato nei versetti seguenti attraverso tre prove: i gemiti del creato (cfr. *Rm 8,19-22*), i gemiti dei credenti in quanto credenti (cfr. *Rm 8,23-25*) e i gemiti dello Spirito (cfr. *Rm 8,26-27*). In conclusione, non si dà certo alcuna spiegazione della sofferenza, che rimane un mistero; tuttavia, si ribadisce con convinzione che essa non è espressione del fatto che la relazione con Dio è compromessa (cfr. *Rm 8,28.31-35.37*).

L'uditorio è invitato a non arrendersi di fronte al mistero della prova, quanto piuttosto a cercare, unito a Dio, che "geme" con lui, la via più giusta perché diventi *locus victoriae* e poter gridare insieme all'Apostolo: «quando sono debole, è allora che sono forte» (*2 Cor 12,10*).

Un ultima parola va spesa a proposito della "spina nella carne" (cfr. *2 Cor 12,7*). Diverse sono state negli anni le interpretazioni che sono state date a questa "spina". Rimane pur sempre il fatto che si tratta di un problema stabile, permesso da Dio. Per Paolo essa diventa luogo privilegiato per incontrare il suo Signore (cfr. *2 Cor 12,9*). Ecco spiegata allora la sua compiacenza, che risiede proprio nel "soffrire per Cristo" (cfr. *2 Cor 12,10*).

PREGO LA PAROLA

Parole … tante parole ...
riempiono il nostro cuore, le nostre relazioni,
il nostro tempo, il nostro spazio interiore …
Parole che narrano delle nostre paure,
delle nostre rabbie, delle nostre incapacità,
delle nostre visioni limitate …

Tu, l'unico che ci conosce in profondità,
vieni trattato come un estraneo.
Tu, vero liberatore,
vieni guardato con diffidenza.

Oltre la delusione che ha chiuso i nostri occhi,
oltre i pregiudizi che hanno ucciso la nostra speranza,
oltre la croce che ingombra la nostra vita,
fa' che scopriamo la tua presenza accogliente.

Aiutaci, o Signore, a rifugiarci in Te,
in te che rischiari le nostre ombre,
nel tuo silenzio denso di luce,

Aiutaci, o Signore, a raccontarti i nostri giorni,
a dare un nome nuovo alle nostre tristezze,
nel tuo amore colmo di pace.

Aiutaci, o Signore, ad affidarci a Te,
a Te che trasformi le nostre croci in chiavi
per aprirci le porte del Tuo Regno.
Amen.

FACCIO MIA LA PAROLA

Provo a "raccontarmi". Prendo ora in esame tutto il mio vissuto e cercherò di dare un nome alle "croci" della vita, per farne, da discepolo autentico, trampolini di lancio verso il "cielo".

VIVO LA PAROLA

Oggi confrontandomi con qualcuno dei miei limiti non me ne lamenterò, ma ne farò motivo di offerta al Signore in cambio del suo amore per me.

Sui sentieri dello Spirito

«Non finirò mai di ringraziarti, o Signore, per avermi chiamato a Te attraverso la Croce, il 6 Maggio 1968.
Una croce pesante per le mie giovani forze di diciassettenne.
Mi ribellavo; ancora, Signore non ti conoscevo. [È] solo [per] il sì della mamma alla croce - [che non ha acconsentito] alla richiesta del primario di mettere fine alla mia vita - che sono qui a scrivere questa mia memoria, prima che la vista non mi permetta più di scrivere. Lei ha abbracciato la croce per prima e con tanto amore mi ha accudito, non mi ha lasciato un attimo, fino alla fine. Grazie mamma: continueremo a stare insieme per sempre insieme a papà; la nostra croce sarà il passaporto e la chiave per entrare in Paradiso.
Anni difficili di sofferenze, solitudine e di disperazione.
Quanto odio, bestemmie, lacrime; quante preghiere della mamma. Dieci lunghi anni di tenebre senza nessuna speranza.
Tutto era finito ed ecco la Tua luce, Signore, illumina il mio cammino.
Tu non mi hai abbandonato.
Tu eri dentro di me, aspettavi solo che io mi accorgessi della tua presenza.

Eri come il fuoco sotto la cenere, pronto ad infuocare nella mia vita e farmi rinascere per uscire da quella tenebra di morte che si era creata in me.

Venerdì Santo del 1978: padre Aldo Modica, di pomeriggio, venne a casa mia con un gruppo di persone del Rinnovamento dello Spirito. Incomincia la preghiera: padre Aldo mi pone le mani sulla testa, invoca lo Spirito Santo; ed ecco, un grande calore e un grande formicolio invadere tutto il mio corpo; come una forza nuova entrava in me e qualcosa di vecchio usciva. Ti ho detto il mio sì, ho accettato la croce ed ecco rinascere a vita nuova.

Sono un uomo nuovo, hai guarito il mio spirito, che vale molto di più della guarigione fisica. Una grande gioia riempie il mio cuore.

Il fuoco dentro

il cuore e [ha] cominciato ad ardere per bruciare tutta quella disperazione, l'odio e tutto il marciume che era dentro di me. Finalmente avevo capito che Tu, Signore, avevi un Progetto d'Amore nella mia vita e volevi la mia collaborazione, il mio sì.

[...]

Grazie, Signore, perché mi hai chiamato a Te attraverso la sofferenza, grazie per questa fiducia che poni in me, per aiutarti nel piano di redenzione per la salvezza delle anime.

Ho cercato di essere un servo fedele, anche se tante volte ti ho messo da parte: ti chiedo perdono, o Signore, se ti ho offeso. A volte la mia poca fede mi ha fatto barcollare sotto il peso della croce. Perdonami se ho dubitato quando il catarro mi soffocava e, avendo paura di finire dicevo: "Dio mio dove sei?". Tu, o Dio, mi hai fatto

superare tutte le difficoltà; superata la crisi, la gioia torna più di prima, la Tua luce mi avvolge e il sorriso torna sulle mie labbra. La Luce brilla nei miei occhi.

[...]

Credetemi: ne valeva la pena soffrire!

Le cose belle costano, e più sono belle e più costano; e cosa c'è di più bello che possedere il Paradiso, la vita eterna [?]

Le sofferenze su questa terra passano, il corpo torna alla madre terra, torna ad essere polvere; lo spirito torna la suo Creatore, a quelle sublimi mani che lo ha[nno] creato, lo ha[nno] plasmato e ha[nno] dato l'alito della vita.

Lo spirito torna libero e va a contemplare in eterno il suo Creatore. Non esiste più la sofferenza, il dolore, non ho bisogno più di niente, né del letto, né della carrozzina o di qualcuno che mi spinge: ora sono libero, posso andare e correre dove voglio.

La mia storia sulla terra finisce ma continua a vivere nel vostro cuore, accanto ad ognuno che mi vuol bene.

Ora mi sento ancora più utile perché posso aiutare tutti con la mia preghiera, anche se non la posso accompagnare più con la mia sofferenza, ma dal mio amore per voi».

(RUTA Giuseppe (ed.), *Sulle ali della Croce. Nino Baglieri e tanta voglia di correre*, Coop.S.Tom.-Elledici, Messina 2008, 195-201; 219-223).

TERZO GIORNO

SPIEGÒ IN TUTTE LE SCRITTURE

IL VALORE DI UNA GUIDA

LEGGO LA PAROLA

25 Disse loro: «Stolti e lenti di cuore a credere in
tutto ciò che hanno detto i profeti! 26 Non
bisognava che il Cristo patisse queste sofferenze
per entrare nella sua gloria?». 27 E, cominciando
da Mosè e da tutti i profeti, spiegò loro in tutte le
Scritture ciò che si riferiva a lui.

MI LASCIO INTERROGARE DALLA PAROLA

Nello smarrimento interiore in cui i due si trovano Gesù intuisce essere arrivato il momento di guidarli per mano, attraverso i meandri della Scrittura, a cogliere tutti quegli elementi necessari per riconoscerlo come il vero Messia. Anche se Luca non esplicita quale atteggiamento i due hanno assunto in quel momento, la richiesta che faranno allo "straniero", come essi stessi lo hanno definito, è indice eloquente che si sono lasciati incantare dalle sue parole. Essi dunque hanno avuto il coraggio di ascoltare. E da questo ascolto attento della spiegazione delle Scritture è come se quel Gesù, che nei loro cuori era ormai definitivamente morto e sepolto, fosse finalmente ritornato a vivere.

Luca utilizza lo stesso schema nel libro degli Atti degli Apostoli quando narra del dialogo tra Filippo e l'eunuco (cfr. *At 8,26-40*). Anche in questo episodio l'uomo, nel nostro caso un Etiope, trovandosi dinanzi al mistero del Messia servo sofferente, non riesce a comprendere pienamente quanto la Scrittura vuole annunciare. La presenza di Filippo, sollecitato dal Signore, ritornerà utilissima. Sarà lui a fornire le chiavi di lettura di quel difficile passo di Isaia in cui il profeta parla del servo sofferente, indicando in Gesù colui che nella sua persona compì la profezia e nel tempo realizzò per il popolo quanto essa cantava.

Questo costrutto, così pure la disponibilità schietta all'ascolto, ha tanto da dire a noi oggi, sopraffatti come siamo da tante distrazioni.

Siamo invitati a non fermarci "sconfitti" dinanzi al mistero di Dio, né a cercare, nella nostra vita, sempre il tipo che è d'accordo con noi! Se realmente stiamo cercando la verità, cerchiamo chi, per il coraggio di dircela, non teme di metterci anche un po' in crisi! Dubitiamo, ad esempio, di chi non ci parla mai della croce, perché la croce è la rivelazione più autentica e più piena di un Dio che ci ama. Usciamo allora dal menefreghismo, scopriamo la vera libertà che ci condurrà a gustare la gioia per il dono di noi stessi. Perché questo possa realizzarsi in pienezza non siamo certo chiamati ad affiancarci a chi ci sommerge di parole; quanto piuttosto a colui che può iniziarci all'ascolto autentico della Parola di vita. Il cammino che insieme riusciremo a fare attraverso l'ascolto della Parola, la lettura di noi stessi e l'interpretazione della storia segnerà l'avvio di un vero e proprio accompagnamento spirituale.

Tale accompagnamento diventa indispensabile in chi desidera vivere ogni giorno della sua esistenza con senso religioso alla presenza di Dio e nell'adempimento della sua volontà. Per fare questo la presenza di un "adulto" nella fede è fondamentale. Una persona più avanti negli anni e nell'esperienza spirituale che possa accompagnarci per mano nei misteri della nostra storia alla scoperta di quel progetto di amore che Dio da sempre ha pensato per noi e da sempre iscritto nel nostro cuore. Un progetto che necessita di dispiegarsi nella nostra vita e che non possiamo fare a meno di conoscere, amare, realizzare.

Come avviene per i due di Èmmaus, così pure per l'Etiope, tale dialogo di ricerca, approfondimento e crescita non è avulso dalla vita di ogni giorno. Tutt'altro! La spiritualità è innestata nella vita, nell'esperienza quotidiana, nella ricerca della propria identità.

Tale relazione, che nella maggior parte dei casi inizia come rapporto di paternità, a mano a mano che ci si rafforza e si cresce nella dimensione di fede attraverso il dialogo e il confronto assume i tratti di una sincera fraternità spirituale. La guida, per intenderci, non è chiamata certo a sostituirsi al candidato, né deve creare dipendenza, quanto piuttosto essere semplicemente un mediatore tra Dio e il giovane. È chiamata ad orientare, ad illuminare e muovere le varie situazioni della vita, a dirigere, facendosi a sua volta guidare dalla propria esperienza di Dio.

È proprio a partire dalla sua esperienza di Dio che la guida ascolta, prega e dà un parere, ma solo dopo aver riflettuto. Così facendo, egli si caratterizzerà come aiuto per l'altrui coscienza nella scoperta della volontà di Dio e nell'obbedienza a tale volontà.

Una parola allora ci sia concessa sull'importanza della Parola di Dio in ogni cammino di discernimento. È Dio, infatti, il solo che può permetterci di conoscere noi stessi nella verità, la sapienza necessaria a scorgere nel quotidiano della nostra vita i segni della sua presenza, la forza indispensabile per poter corrispondere al suo amore.

Tra i diversi riferimenti che Luca fa della Parola prendiamo in esame la parabola del seminatore (cfr. *Lc 8,4-15*). Per comprendere meglio di cosa stiamo parlando, collochiamo la parabola nel contesto in cui si trova. Luca nel capitolo 6 rivela come parola definitiva che Dio è misericordia (cfr. *6,27-38*). Al capitolo 7 questa parola, se accolta, produce frutti nella fede (cfr. *7,36-50*). Adesso al capitolo 8 la stessa parola viene presentata come un seme che germina, se accettato in un terreno fertile e disponibile, per fruttificare poi al capitolo 9 nel segno della moltiplicazione dei pani (cfr. *9,10-17*).

Luca pone subito l'accento sull'importanza della Parola, che viene presentata come "seme" (cfr. *8,11*): «il seminatore uscì a seminare il suo seme» (*8,5*). Gesù, il seminatore del Padre, esce per annunciare la sua Parola. Significativa questa metafora. Il seme infatti racchiude in sé una forza straordinaria che, esplodendo, si riverserà nella vita nuova, di cui il germoglio e poi la pianta sono l'espressione più eloquente.

Quindi si passa a presentare il terreno, vari tipi di terreno. Essi rappresentano i diversi modi con cui l'uomo si dispone ad accogliere la Parola di Dio. Non può passare inosservato il fatto che Gesù non si fermi a fare differenza di terreno … a scegliere un terreno anziché un altro, a cui consegnare la sua Parola. Nulla di tutto ciò. Gesù offre a tutti la possibilità di ascolto e di accoglienza della Parola … indistintamente: la strada, la pietra, le spine, la terra buona. A fare da scenario, però, la certezza che questa Parola, qualsiasi possano essere le difficoltà, porterà frutto abbondante (cfr. *8,8*). Eventuali sconfitte sono attribuibili non al seme, quanto piuttosto al terreno, al modo con cui l'uditore si dispone all'ascolto. Non vogliamo dilungarci nella presentazione delle diverse tipologie di terreno, che l'evangelista illustra nella spiegazione della parabola che Gesù stesso offre ai discepoli (cfr. *8,11-15*), quanto piuttosto sollevare all'attenzione del lettore l'urgenza di verificare la qualità del proprio ascolto.

La ragione del perché sia opportuno non sprecare tempo in questa verifica, pensiamo sia bene espressa dallo stesso Gesù: «mia madre e i miei fratelli sono questi: coloro che ascoltano la parola di Dio e la mettono in pratica» (*8,21*). L'ascolto attento della Scrittura dunque, seguito da un'accoglienza della stessa … accoglienza che dice apertura, disponibilità, docilità a lasciarsi trasformare, è la porta attraverso cui passare per far esperienza della "parentela" di Gesù e partecipare di un rapporto più intimo con Lui. È la condizione necessaria per diventare "madre" perché come Maria lo Spirito ci da la forza per concepire la Parola; e "fratelli" in quanto, generando in noi la Parola, siamo trasformati in Cristo, ascoltatore e Figlio del Padre. Maria, vergine del silenzio, è nostro modello nell'ascolto della Parola e del vero discepolo.

PREGO LA PAROLA

Chi ci guiderà, o Signore,
attraverso i labirinti della nostra storia?
Chi ci aiuterà a sollevare il velo
che spesso copre i nostri occhi?
Chi rischiarerà il senso di quei giorni
che appaiono vuoti e oscuri?

La tua presenza!
La tua presenza che parla a noi
nei tuoi profeti di speranza.
La tua presenza che si accosta a noi
dolce e rispettosa della nostra originalità.
La tua presenza che ci accompagna
nell'ascolto autentico della tua Parola.

Sentiremo allora la tua mano
stretta alla nostra con tenerezza paterna.
Saremo capaci di accogliere il tuo progetto
che apre la nostra vita verso orizzonti sconfinati d'amore.
Sicuri avanzeremo con la forza

di chi sa di camminare con Te.

Amen.

Faccio mia la Parola

Mi verifico sul posto che occupa la Parola di Dio nella mia vita. Riesco a darle la collocazione più eminente, dandole la possibilità di dirigere la mia esistenza; o me ne servo per giustificare azioni e scelte già compiute? E in modo particolare: penso di bastare a me stesso nella conduzione della mia vita, o ritengo sia più proficuo affidarsi ad una guida spirituale nel percorrere il cammino di maturazione umana e spirituale?

Vivo la Parola

Questa sera farò l'esame di coscienza sulla giornata vissuta a partire dalla Parola di Dio ascoltata nella Celebrazione Eucaristica.

SUI SENTIERI DELLO SPIRITO

«Alcuni credono che basti aprire intieramente il cuore al Direttore spirituale per incominciare una vita nuova e che sia confessione generale quando dicono tutto … È una gran cosa, ma qui non è tutto … Si tratta non solo di rimediare il passato, ma anche di provvedere all'avvenire con fermi proponimenti … In quanto all'avvenire, per camminare con sicurezza dovete rivelare i vostri difetti abituali, le occasioni nelle quali eravate soliti a cadere, le passioni dominanti; stare ai consigli e agli avvisi che vi verranno dati mettendoli fedelmente in pratica; e poi continuare a tener aperto il vostro cuore con piena confidenza, esponendo di mano in mano i suoi bisogni, le tentazioni, i pericoli, dimodochè chi vi dirige possa guidarvi con sicurezza. Ma, s'intende che mettiate per fondamento una buona confessione … In quanto al passato voi, manifestando tutto ciò che avete commesso di male, lo fate non solo, perché il confessore possa avere conoscenza dell'anima vostra, ma molto più per assicurare le confessioni della vita trascorsa e acciocché possiate poi dire: - Per lo passato sono tranquillo; così potrò per l'avvenire essere più allegro. - Infatti avrete la sicurezza dell'aiuto del Signore in tutte le circostanze della vostra vita, essendo col vostro amore ed umiltà suoi figliuoli ed amici».

(LEMOYNE Giovanni Battista, *Memorie biografiche del venerabile don Giovanni Bosco VII*, Libreria Salesiana Editrice, Torino 1909, 721).

QUARTO GIORNO

RESTA CON NOI

LA PREGHIERA NELLA NOSTRA VITA

Leggo la Parola

28 Quando furono vicini al villaggio dove erano
diretti, egli fece come se dovesse andare più
lontano. 29 Ma essi insistettero: «Resta con noi,
perché si fa sera e il giorno è ormai al tramonto».
Egli entrò per rimanere con loro.

MI LASCIO INTERROGARE DALLA PAROLA

I nostri amici arrivano a destinazione. Nella pericope odierna il loro cammino raggiunge l'apice in una preghiera: «Resta con noi, perché si fa sera e il giorno è ormai al tramonto» (24,29). Non sappiamo se i due di Èmmaus si riferissero solo allo scadere cronologico del giorno, o se in realtà, a motivo delle parole dello "straniero" che avevano toccato il loro cuore, come essi stessi ammetteranno più tardi (cfr. 24,32), non stessero esprimendo il desiderio profondo di fermarsi ancora con colui che aveva finalmente dato una soluzione alla loro tristezza, un senso a tutto il loro vissuto!

La preghiera, sappiamo, esprime proprio il desiderio di Dio e il bisogno della sua presenza, ma insieme confessa anche paura … la paura della solitudine, della sera, del buio del non senso … Ci è possibile allora ricondurre l'origine della preghiera proprio nell'atteggiamento di chi vive l'esistenza proteso verso una ragione di senso, che riconosce di non possedere.

Cerchiamo allora, partendo dalla Scrittura, di delineare quei tratti essenziali affinché la nostra preghiera possa essere vissuta da noi in pienezza e con più consapevolezza.

Come prima cosa ci sentiamo di suggerire di determinare il luogo, il tempo e la posizione fisica più favorevoli al fine di una migliore concentrazione. Anche Gesù ci è maestro in questo. Leggiamo nel Vangelo di Luca che: Gesù prega prima di ricevere lo Spirito al Giordano (cfr. 3,21); sente il bisogno di ritirarsi «sul far del giorno [...] in un luogo deserto» (4,42) dopo aver compiuto fatti prodigiosi a Cafarnao e «là pregava» (Mc 1,35), come ci riporta il testo corrispettivo di Marco; sente ancora il bisogno di ritirarsi sul monte a pregare (cfr. 6,12) prima di costituire il nucleo dei dodici; lo ritroviamo ancora in preghiera presso un luogo solitario (cfr. 9,18) prima che chiedesse ai discepoli che idea la gente stava facendosi di lui; dopo il primo annuncio della sua passione sale con Pietro, Giacomo e Giovanni sul monte a pregare (cfr. 9,28); si trova a pregare (cfr. 11,1) quando i discepoli gli chiedono che insegni loro come si prega; per poi ritrovarlo in preghiera sul monte degli ulivi (cfr. 22,39-46) nel combattimento spirituale per l'accettazione della volontà del Padre.

La rapida carrellata che vi abbiamo proposto serve solo da esempio perché possiamo prendere atto di quanto importante sia stato per lo stesso Gesù ritagliarsi tempi e luoghi idonei alla preghiera.

Il tempo in modo particolare deve essere oggetto della nostra riflessione! Affermare "non ho tempo", o peggio ancora chiedersi "per quanto tempo?" è una forte aggravante! Il tempo, infatti, è diventato un idolo della società ... ci fagocita ... la domenica è stata dissacrata! Siamo dinanzi ad un uomo stanco!

Fatto questo, passiamo a presentare i protagonisti della preghiera. Pregare bene non dipende solo da noi. Non possiamo affermare che per essere preghiera autentica "la devo sentire!". La preghiera non può essere legata al fatto sentimentale, agli umori personali, alle emozioni ... tutto ciò è poco evangelico! La preghiera ha una sua oggettività essenziale perché il protagonista è lo Spirito che prega in noi! L'Apostolo Paolo ci ammonisce «lo Spirito viene in aiuto alla nostra debolezza; non sappiamo infatti come pregare in modo conveniente, ma lo Spirito stesso intercede con gemiti inesprimibili; e colui che scruta i cuori sa che cosa desidera lo Spirito, perché egli intercede per i santi secondo i disegni di Dio» (Rm 8,26-27). Comprendiamo dunque come iniziare sempre la preghiera dopo aver invocato lo Spirito può solo ritornarci utile a vivere l'incontro desiderato con il Dio della vita. Eludere ciò potrebbe di contro solo falsare quanto stiamo facendo. Pregare, infatti, non è sforzo di fantasia ... Dio non posso immaginarlo o peggio ancora costruirmelo. È lo Spirito il principio di mediazione dell'incontro tra noi e Dio, altri protagonisti.

La preghiera è dunque incontro. Solo nella prospettiva dell'incontro di un io con un tu sarà possibile vivere con autenticità tutte le sue dimensioni. Perché questo concetto possa essere più comprensibile al lettore rimandiamo alla considerazione dell'icona dell'incontro tra Gesù e la Samaritana al pozzo di Sicar (cfr. Gv 4,5-26), dove l'idea della preghiera viene mirabilmente espressa attraverso l'incontro della sete di Gesù - «dammi da bere» (Gv 4,7) - con la sete della donna - «dammi quest'acqua» (Gv 4,15). Non ci sembra secondario il particolare che anche questo incontro, raccontato dall'apostolo Giovanni nel suo Vangelo, avvenga in un luogo solitario. Lì è Gesù a prendere per primo la parola, manifestando un bisogno: ha sete ... sete di essere accolto! Solo nella misura in cui la donna aprirà il suo cuore per accogliere la richiesta dello sconosciuto, allora Gesù potrà venire a soddisfare il bisogno della donna. Mettersi in preghiera è allora sinonimo di disporsi in atteggiamento di ascolto ... ascolto di Dio, della sua Parola che salva ... per scoprire quale è il suo progetto di amore per me ora. Preghiera allora non è sinonimo di "dire"! Il segreto della preghiera sta nel «parla, o Signore, che il tuo servo ti ascolta» (1 Sam 3,9). È il tempo per ascoltare Dio.

Riprendendo la pericope giovannea, la preghiera non si riduce però ad un semplice dialogo, un puro scambio di idee ... quanto piuttosto in un vero e proprio cammino insieme, attraverso figure e simboli, che sfocia nel riconoscimento del Salvatore del mondo. Nella nostra "piccola" esperienza personale in fatto di preghiera non ci è difficile riconoscere che talvolta si prega per capire, per trovare una risposta ai bisogni radicali dell'essere umano.

Preghiera è dunque luogo dove possiamo scoprire la verità, consapevoli però che non esiste verità che non comporti fatica nella scoperta che i suoi pensieri spesso e volentieri non coincidono con i nostri. Lo stesso Gesù ci ammonisce «perché mi invocate: "Signore, Signore!" e non fate quello che vi dico?» (6,46). La preghiera, dunque, aiutandoci a sintonizzare le onde della nostra vita con il cuore di Dio, ci è indispensabile per metterci a confronto con la sua volontà. Attraverso la preghiera permettiamo dunque a Dio di visitare la nostra esistenza, passando in rassegna doveri, difficoltà, debolezze …; parimenti viviamo quei momenti come tempo propizio per implorare la sua forza per vivere positivamente le situazioni concrete di ogni giorno. Perché ciò accada, e senza troppi traumi, è fondamentale un senso di profonda umiltà … l'umiltà di chi ammette di non sapere … di chi si pone a dialogare senza precomprensioni, ma solo desideroso di conoscere la verità.

Un'ultima riflessione ci sia concessa a partire dal modello di ogni preghiera: la preghiera del "Padre nostro" (cfr. 11,1-4). Già le prime parole ci richiamano all'atteggiamento che deve contraddistinguere ogni nostra preghiera: la confidenza e l'apertura del cuore a Dio, nostro Padre, e ai fratelli, che in Cristo pregano sempre uniti a noi. Santifichiamo il suo nome ogni volta che riconosciamo quanto Egli opera nella nostra vita, rispondendo positivamente ai suoi doni d'amore. Lo santifichiamo con la lingua attraverso la lode e il ringraziamento per il suo amore per noi, ma soprattutto con la testimonianza di vita, quando riusciremo a far risplendere sul nostro il suo volto glorioso. A questo punto chiediamo l'avvento del suo regno, regno di amore, di giustizia e di pace che solo nell'accettazione piena e vera della sua volontà nella nostra vita è possibile instaurare fin d'ora nel nostro piccolo. La richiesta del pane nostro quotidiano, nella fattispecie di tutto quanto è necessario per condurre una vita dignitosa e sicura qui su questa terra, ma anche in prospettiva della vita celeste, e dunque pane materiale e pane spirituale, ci pone nella consapevolezza che tutto quanto di cui viviamo è nella prospettiva del dono: nulla ci è dovuto, tutto è grazia! Implorare il perdono per i peccati commessi è insieme avere consapevolezza della propria fragilità e riconoscere l'amore grande e misericordioso con cui Dio ci accoglie e ci ricrea. Questo dono del suo grande amore siamo chiamati a trafficare attraverso il perdono ai nostri fratelli, che come noi fanno esperienza ogni giorno della loro creaturalità segnata dal peccato. Infine chiediamo al Padre la forza necessaria per non cadere vittime della concupiscenza con cui il nemico ci prova.

Prego la Parola

Egli entrò…

È il miracolo dell'apertura alla grazia, o Signore,
che ti permette di entrare nella nostra vita!
È il "sì" alla relazione con Te
che ti permette di rimanere con noi!

Da presenza discreta che ci cammina accanto …
da presenza motivante che illumina la strada …
Tu chiedi, senza alcuna parola,
di far parte della nostra esistenza!
E la tua richiesta silenziosa si fa, in noi, preghiera!

Rimani con noi, Signore,
quando i bagliori del tramonto annunciano
le paure e le ombre della notte!
La luce della tua parola continuerà
ad illuminare le nostre menti e i nostri volti!

Rimanga in noi il tuo Spirito d'amore,
legame vitale con la tua persona,

voce intima che parla al cuore,
desiderio profondo di tensione verso l'eterno!

Amen.

Faccio mia la Parola

Rifletto sul mio modo di pregare poiché esso rivela la qualità della mia relazione con Dio.

Vivo la Parola

Oggi trasformerò la mia preghiera da momento ripetitivo e mnemonico ad occasione di incontro con Dio e di ascolto del suo progetto d'amore, sull'esempio di Gesù che faceva precedere le sue azioni dall'ascolto di Dio e della sua volontà.

Sui sentieri dello Spirito

«Ti faccio un esempio fisico che ho qui di fronte nel deserto. C'è un pezzo di deserto, tutto è sabbia e morte, tutt'al più qualche spino. Gli uomini vogliono trasformare il deserto in un'oasi verdeggiante. Incominciano a lavorare. Si fanno strade, stradette, canali, ponti, case, etc, etc … Non cambia nulla: tutto rimane deserto. Manca l'elemento base: l'acqua. Allora chi ha capito incomincia a lavorare, ma non sulla superficie: si mette a scavare in profondo! Cerca l'acqua, fa un pozzo. La fecondità dell'oasi non dipenderà dai canali fatti, dalle strade, dalle case, ma da quel pozzo.

Ecco ciò che io vidi in Europa. Un esercito di matti cattolici costruisce, fa case, collegi, associazioni, partiti e quasi nessuno si preoccupa di scavare i pozzi. Conclusione: tristezza, scoraggiamento, vuoto interiore e qualche volta disperazione. Si pretende di costruire per Dio senza Dio.

E non dirmi, sorella, che si prega. No, non si prega, anche se dicono cento rosari al giorno, anche se si va regolarmente a Messa. La preghiera è ben altra cosa! La preghiera è respiro, è libertà, è amore, è colloquio inesausto, è soprattutto pensare a Dio. È questo che manca nella nostra vecchia cristianità, la quale quando vuol pregare incomincia ad infilare formule».

(CARRETTO Carlo, *Lettere a Dolcidia*, Cittadella Editrice, Assisi 1989, 46-47).

QUINTO GIORNO

SI APRIRONO LORO GLI OCCHI

RISPECCHIAMOCI NELL'EUCARISTIA

Leggo la Parola

30 Quando fu a tavola con loro, prese il pane, recitò
la benedizione, lo spezzò e lo diede loro. 31 Allora si
aprirono loro gli occhi e lo riconobbero. Ma egli sparì
dalla loro vista.

MI LASCIO INTERROGARE DALLA PAROLA

I versetti, appena due, con cui siamo chiamati a confrontarci oggi, ci invitano a sedere a mensa, mettendoci dinanzi ad una scena bellissima ... carica di intimità ... di condivisione. Lo strano personaggio accetta l'invito e si ferma a cena con Cleopa e socio.

È a tavola che accade qualcosa di strano ... qualcosa di imprevisto. Il "forestiero" compie dei gesti, accompagnati da parole, che immediatamente rimandano i nostri protagonisti ad un'altra scena: «Poi prese il pane, rese grazie, lo spezzò e lo diede loro dicendo: "Questo è il mio corpo che è dato per voi; fate questo in memoria di me"» (22,19) ... la scena dell'istituzione dell'Eucaristia.

Quei segni diventano memoria drammatica di un evento: l'ultima cena, nella quale Gesù aveva profetizzato per l'ultima volta, in quei gesti, la sua passione ... passione culminante nella sua morte.

È la ragione della loro tristezza che viene richiamata alla loro mente ... al loro cuore. Ma è proprio a questo punto che accade qualcosa di inaspettato: si aprono i loro occhi e lo riconoscono! L'atteggiamento interiore con cui ora partecipano a quell'evento è diverso: lo sguardo degli occhi è stato illuminato dalle parole di Gesù, ora rese più chiare dai segni.

Ci sembra significativo allora l'uso del verbo "riconoscere"! I due di Èmmaus *conoscevano* già Gesù ... ora lo *ri-conoscono*: come lo conoscessero per la seconda volta, ora in modo nuovo, più profondo ... grazie soprattutto alla catechesi biblica che li ha accompagnati lungo la via, gettando una luce nuova sul quel gesto, non più di morte e per questo motivo di tristezza, quanto piuttosto di vita ... memoriale della Pasqua, di morte e risurrezione insieme, del loro Maestro.

La conoscenza di Gesù non è allora una semplice teoria da fissare nella nostra testa! La conoscenza che non diventa esperienza, che non si trasforma in comunione di vita è del tutto insufficiente! Essa, infatti, restando campata in aria, non ci trasforma e non ci salva.

Riteniamo a questo punto sia utile riflettere sulla verità del mistero eucaristico. Mistero che non gode solo della componente verticale e trascendente nel mettere l'uomo a contatto diretto con il Signore Gesù, quanto piuttosto anche della dimensione orizzontale e immanente del servizio ai fratelli.

Cerchiamo di comprendere meglio questo concetto a partire da tre criteri. Come primo elemento facciamo riferimento al modo con cui Giovanni mostra il segno più alto dell'amore di Gesù nel momento in cui anticipa per i suoi il sacrificio della croce nell'ultima cena. L'evangelista anziché presentare l'istituzione dell'Eucaristia, alla maniera dei Sinottici, si limita a porgere ai lettori il significato dell'evento nel segno della lavanda dei piedi. Gesto per nulla scontato, che incontra già nei discepoli non solo una sgradevole sorpresa nel vedere il maestro inginocchiato ai loro piedi, ma in qualcuno persino resistenza (cfr. Gv 13,1-15).

Soffermandoci un pochino su quanto è accaduto, è possibile scorgervi più messaggi dello stesso Gesù ai discepoli. Per prima cosa egli sembra offrire ai suoi la caratteristica del vero discepolo: il servizio. Secondariamente, partendo dall'umiltà di quel gesto, desidera introdurre gradualmente i discepoli all'evento della croce: culmine dell'amore con cui li amava. Da ultimo, anticipa quanto da lì a poco i suoi sarebbero stati chiamati a fare, continuando la sua missione tra le genti.

Un secondo elemento che ci rimanda alla dimensione sociale dell'eucaristia è racchiuso nel mistero di un corpo donato e del sangue versato. In questi particolari troviamo espressa la forma più alta del dono di sé, cui il cristiano è chiamato, partecipando al dono stesso di Cristo.

Un ultimo elemento, che sentiamo il dovere di richiamare all'attenzione del lettore, è l'imperativo «fate questo in memoria di me» (22,19). In esso non c'è da leggere solo il comando di perpetuare nel tempo la celebrazione del memoriale, ma anche l'imperativo etico di viverlo nella vita di ogni giorno, diventando per gli altri "pane spezzato".

Alla luce di quanto espresso notiamo allora come l'Eucaristia non è soltanto la trasformazione di un pezzo di pane e un po' di vino nel corpo e sangue di Cristo, ma implica anche la trasformazione di chi si ciba di questo Pane di vita e, per mezzo suo, la trasformazione del mondo in Regno di Dio.

Ci spieghiamo meglio. Accostarci alle specie eucaristiche, che per l'imposizione delle mani e la preghiera consacratoria diventano corpo e sangue dello stesso Cristo, è per noi motivo di grande fortuna. Ci permette, infatti, di conoscere Cristo per via di manducazione e di assimilazione! È questa la conoscenza più intima, la più vissuta, che non può che portare alla conversione di tutto l'essere, di tutto l'agire, favorendo la conformazione a Cristo e rendendoci persone eucaristiche.

Questo incontro personale con il Signore, però, non è fine a se stesso. Esso suscita nel cuore dell'uomo la missione sociale che nell'Eucaristia è racchiusa. Chi fa esperienza dell'amore non può non sentire il desiderio di rispondere con lo stesso amore, impegnandosi attraverso azioni, parole e modo di essere al servizio dei fratelli.

Celebrare l'Eucaristia come si conviene ci permette dunque di riorganizzare la nostra vita alla luce del mistero di Cristo che si dona per amore. Ci insegna l'ideale alto della comunione col prossimo nella donazione di sé. Ci impegna nell'attività apostolica.

Rispecchiarci nell'Eucaristia ci permette di cogliere i lineamenti profondi di una vita ricevuta come dono che può trovare la sua piena realizzazione solo nella misura in cui viene spesa al servizio degli altri … viene vissuta come dono.

Cleopa e socio riescono finalmente a leggere in quel gesto la loro storia, si sentono adesso parte di quell'evento di salvezza, giungendo a cogliere nel gesto di Gesù qualcosa che parla della loro stessa vita.

Noi *ri-conosceremo* Gesù come i due di Èmmaus solo nella misura in cui ci poniamo in questa prospettiva. Nella misura in cui siamo capaci di penetrare il suo mistero di amoredonazione, di riconoscere in esso la nostra «via, verità e vita» (Gv 14,6), di scorgere il senso profondo della nostra esistenza.

PREGO LA PAROLA

Ti vedo, o Signore …
Ti vedo in quel pane che spezzi per noi.
Ti vedo in quel pane che ci doni umilmente.

Pane di benedizione
che sazia ogni nostra fame.
Pane di benedizione
che apre i nostri occhi alla verità.

Invitato alla cena,
ti fai cibo che sfama.
Invitato nella nostra vita,
ne diventi il principale sostegno.

Trasformaci, o Signore,
e suscita anche in noi il desiderio
di essere pane che si spezza per i fratelli.
Trasformaci, o Signore,
e rendi anche noi amorevole attenzione
che si dona per puro amore. Amen.

Faccio mia la Parola

Rivedo il mio modo di accostarmi alla celebrazione eucaristica. Lo faccio con "abitudine" o riesco a vivere ogni volta un incontro "nuovo" con Colui che è alla base della mia esistenza? Vivo in maniera intimistica questo incontro o riesco a renderlo "vivo" nella mia vita?

Vivo la Parola

L'invito del presidente dell'Assemblea «... andate in pace» sia per me oggi l'appello dello stesso Gesù a spendermi concretamente per i miei fratelli con il gesto che riterrò più opportuno.

SUI SENTIERI DELLO SPIRITO

«Alla base del sacrificio eucaristico non c'è in primo luogo la concezione di un'offerta che noi facciamo a Dio, ma piuttosto il riconoscimento e l'accoglienza del dono che Dio ha fatto a noi. Nella Messa, infatti, noi presentiamo al Padre «la vittima che lui stesso ha preparato per la sua Chiesa...» quasi un «sacrificio alla rovescia», secondo gli schemi religiosi naturali e comuni. Noi offriamo a Dio colui che lui stesso ha dato a noi. [...] D'altra parte non possiamo offrire a Dio il sacrificio di Cristo senza trovarci personalmente coinvolti in questo gesto di offerta, senza «comprometterci» personalmente davanti a Dio. Perché abbia senso l'offerta del sacrificio della Messa, la partecipazione all'Eucaristia, o lo stesso gesto di «far dire delle Messe», è indispensabile che facciamo passare nella nostra vita il significato di ciò che celebriamo nel rito eucaristico. Altrimenti la Messa diventa una menzogna. Non ha senso da parte nostra offrire a Dio il sacrificio di Cristo, senza offrire noi stessi con lui nella sincera ricerca della volontà di Dio, nell'obbedienza ai suoi comandamenti, nell'adesione di fede a Cristo Signore, nell'impegno di indirizzare tutta la nostra vita secondo il principio supremo della carità. Staccata da questi due riferimenti - al sacrificio di Cristo, da una parte, e al sacrificio spirituale e concreto della nostra vita, dall'altra - la Messa non significa più nulla. Il suo valore di sacrificio sta tutto nella tensione e nel rapporto fra ciò che già si è compiuto in Cristo (memoriale) e ciò che ancora deve compiersi in noi sotto l'azione dello Spirito Santo (comunione e partecipazione vissuta al sacrificio di Cristo nell'esistenza quotidiana). È questa l'autentica concezione cristiana del sacrificio, che risalta nelle preghiere stesse con cui "si fa" l'Eucaristia».

(MOSSO Domenico, *La Messa: fra la croce di Cristo e la nostra vita*, in *Il sacrificio gradito a Dio*, Ellenici, Torino 1981, 57-58).

SESTO GIORNO

PARTIRONO SENZA INDUGIO

LA CONDIVISIONE DELL'AMORE

LEGGO LA PAROLA

32 Ed essi si dissero l'un l'altro: «Non ardeva forse
in noi il nostro cuore mentre egli conversava con
noi lungo la via, quando ci spiegava le Scritture?».
33 Partirono senza indugio e fecero ritorno a
Gerusalemme, dove trovarono riuniti gli Undici e gli
altri che erano con loro, 34 i quali dicevano:
«Davvero il Signore è risorto ed è apparso a
Simone!». 35 Ed essi narravano ciò che era
accaduto lungo la via e come l'avevano
riconosciuto nello spezzare il pane.

Mi interrogo sulla Parola

Il brano che ci viene proposto oggi è la logica conseguenza di quanto abbiamo avuto modo di meditare ieri. L'esperienza del maestro non può essere tenuta nascosta. Chi fa esperienza dell'amore di Dio e ri-conosce la sua stessa storia come espressione di questo amore sente esplodere dentro il desiderio profondo di condividerlo ai fratelli.

È quanto accade ai nostri amici. Essi riconoscono di essere stati invasi da un qualcosa di speciale che aveva in loro acceso come un fuoco: «Non ardeva forse in noi il nostro cuore». Una tale affermazione ci è possibile comprenderla solo alla luce di quanto Gesù aveva precedentemente affermato di sé: «Sono venuto a gettare fuoco sulla terra, e quanto vorrei che fosse già acceso! Ho un battesimo nel quale sarò battezzato, e come sono angosciato finché non sia compiuto!» (12,49).

Il fuoco a cui si fa riferimento non può non richiamare il roveto ardente in cui Dio si manifesta nell'antico testamento (cfr. Es 3,2), ma parimenti ci rimanda al fuoco dello Spirito Santo che raggiunge i discepoli nel giorno di Pentecoste sotto forma di «lingue come di fuoco» (At 2,3). Un fuoco che è divampato al momento in cui Gesù ha finalmente ricevuto il battesimo nella sua morte di croce.

Questa fiamma, suscitata dall'annuncio della Buona Novella che lo straniero annuncia ai due, raggiunge il cuore di Cleopa e socio e sarà destinata a propagarsi. Senza alcuna esitazione, infatti, rinfrancati dal cibo che dura per la vita, invertono il loro senso di marcia e, senza lasciarsi intimorire per nulla dall'ora tarda, i nostri amici corrono a Gerusalemme. Quello che era stato un cammino segnato, almeno in parte, dalla tristezza e dallo sconforto, adesso assume la nota caratteristica della gioia e della speranza ... gioia e speranza che i due avevano incontrato nella Buona Novella che ora sentono di comunicare agli altri.

Sembra si avverino le parole che Gesù aveva detto ai suoi discepoli nell'intima atmosfera del cenacolo: «Voi sarete nella tristezza, ma la vostra tristezza si cambierà in gioia [...] vi vedrò di nuovo e il vostro cuore si rallegrerà e nessuno potrà togliervi la vostra gioia» (Gv 16,20b.22b).

Il Signore però li precede. La gioiosa professione di fede che l'evangelista Luca mette in bocca agli Undici ne è prova eloquente: «Davvero il Signore è risorto ed è apparso a Simone!». Vediamo allora ricomporsi per i meriti della Pasqua di Cristo quel primo nucleo che si era disciolto. Nella comunione con gli Undici i due condividono l'esperienza fatta, riconoscendo la potenza di Dio nella loro vita.

L'esperienza eucaristica vissuta ad Èmmaus diventa allora missione: iniziando da Gerusalemme, Cleopa e socio diventano testimoni di un incontro. Quel medesimo incontro di cui noi facciamo esperienza ogni volta che partecipiamo alla celebrazione eucaristica ... l'incontro con Cristo presente nella Parola e nel Pane di vita ... l'incontro che ancora oggi è il solo che può riscaldare i nostri cuori, illuminare le nostri menti, spalancare i nostri occhi, far brillare i nostri volti, ri-indirizzare i nostri passi da una via di fuga ad una corsa di speranza, aprire la nostra bocca alla proclamazione delle meraviglie che il Signore opera in noi.

L'icona che contempliamo a conclusione di questo nostro percorso ci rivela l'aspetto gioioso della vita cristiana: la presenza del Cristo Risorto tra i suoi. Una presenza intima e certa nella Parola, che aveva accompagnato i due, e nell'Eucaristia, che aveva aperto i loro occhi. È nella contemplazione di questo Cristo, vivo e vero, che la Chiesa, popolo di battezzati, scopre il suo vero volto, il suo cuore, la sua stessa identità ...

Siamo chiamati e mandati ad essere testimoni di questa presenza e di questa speranza. Corriamo anche noi a “Gerusalemme” … torniamo allo spirito autentico del Vangelo … riscopriamo nella Pasqua del Signore Gesù la causa della nostra vera gioia. Non facciamolo da soli, però! Viviamo questa missione nella Chiesa e con la Chiesa! Sentiamo forte il vincolo della fede e dell’amore per lo stesso Gesù, perché la Chiesa sia “una” nella sua essenza di amore e di servizio.

Leggiamo nell’esortazione apostolica *Christifideles laici*: «La comunione e la missione sono profondamente congiunte tra loro, si compenetrano e si implicano mutuamente, al punto che *la comunione rappresenta la sorgente e insieme il frutto della missione: la comunione è missionaria e la missione è per la comunione*» (32).

Siamo nel cammino della nostra vita “seminatori” di speranza per un mondo nuovo!

PREGO LA PAROLA

Quanta gioia, Signore …
Ci tuffiamo nella tua avventura, nella nostra avventura,
l'avventura dell'amore e della condivisione
per abbracciare quel progetto pensato per noi dall'eternità.

Quanto stupore, Signore …
Tu muti le nostre fughe colme di rabbia e paura,
nel ritorno al cuore di noi stessi,
nel ritrovarci al fuoco della Tua Parola.

Quanto coraggio, Signore …
Tu ci doni per continuare nella tua via,
per riprendere le gioie e le speranze dimenticate,
per incamminarci sulla strada della comunione e dell'annuncio.

Quanto desiderio, Signore …
Raccontare la tenerezza dell'incontro con Te,
le meraviglie dei tuoi orizzonti densi di luce,
l'averti riconosciuto nel volto del fratello…

Nel tuo Nome, Signore …
Noi vivremo riscaldati dalla fiamma della tua amicizia,
sfamati alla mensa del tuo corpo e della tua presenza,
per aprire a tutti le porte del Regno della Vita.
Amen.

Faccio mia la Parola

Oggi mi sento positivamente provocato sul modo con cui vivo la mia missione di battezzato all'interno della Chiesa. Mi sento parte viva e integrante della Comunità ecclesiale? O la mia presenza è passiva, limitata ad usufruire di servizi che vengono offerti? Sento che l'amore che Cristo riversa nel mio cuore non può essere tenuto nascosto, ma deve "esplodere" in una gioiosa testimonianza a gloria del suo nome?

Vivo la Parola

Troverò un modo per raccontare la mia esperienza di Gesù a qualche mio amico.

«Chiunque rilegge, nel Nuovo Testamento, le origini della Chiesa, seguendo passo passo la sua storia e considerandola nel suo vivere e agire, scorge che è legata all'evangelizzazione da ciò che essa ha di più intimo:

- La Chiesa nasce dall'azione evangelizzatrice di Gesù e dei Dodici. Ne è il frutto normale, voluto, più immediato e più visibile: «Andate dunque, fate dei discepoli in tutte le nazioni» (37). Ora, «coloro che accolsero la sua parola furono battezzati e circa tremila si unirono ad essi . . . E il Signore ogni giorno aggiungeva alla comunità quelli che erano salvati» (38).
- Nata, di conseguenza, della missione, la Chiesa è, a sua volta, inviata da Gesù. La Chiesa resta nel mondo, mentre il Signore della gloria ritorna al Padre. Essa resta come un segno insieme opaco e luminoso di una nuova presenza di Gesù, della sua dipartita e della sua permanenza. Essa la prolunga e lo continua. Ed è appunto la sua missione e la sua condizione di evangelizzatore che, anzitutto, è chiamata a continuare (39). Infatti la comunità dei cristiani non è mai chiusa in se stessa. In essa la vita intima - la vita di preghiera, l'ascolto della Parola e dell'insegnamento degli Apostoli, la carità fraterna vissuta, il

pane spezzato (40) - non acquista tutto il suo significato se non quando essa diventa testimonianza, provoca l'ammirazione e la conversione, si fa predicazione e annuncio della Buona Novella. Così tutta la Chiesa riceve la missione di evangelizzare, e l'opera di ciascuno è importante per il tutto.

- Evangelizzatrice, la Chiesa comincia con l'evangelizzare se stessa. Comunità di credenti, comunità di speranza vissuta e partecipata, comunità d'amore fraterno, essa ha bisogno di ascoltare di continuo ciò che deve credere, le ragioni della sua speranza, il comandamento nuovo dell'amore. Popolo di Dio immerso nel mondo, e spesso tentato dagli idoli, essa ha sempre bisogno di sentir proclamare «le grandi opere di Dio» (41), che l'hanno convertita al Signore, e d'essere nuovamente convocata e riunita da lui. Ciò vuol dire, in una parola, che essa ha sempre bisogno d'essere evangelizzata, se vuol conservare freschezza, slancio e forza per annunziare il Vangelo. Il Concilio Vaticano II ha ricordato (42) e il Sinodo del 1974 ha fortemente ripreso questo tema della Chiesa che si evangelizza mediante una conversione e un rinnovamento costanti, per evangelizzare il mondo con credibilità.

- La Chiesa è depositaria della Buona Novella che si deve annunziare. Le promesse della Nuova Alleanza in Gesù Cristo, l'insegnamento del Signore e degli Apostoli, la Parola di vita, le fonti della grazia e della benignità di Dio, il cammino della salvezza: tutto ciò le è stato affidato. Il contenuto del Vangelo, e quindi dell'evangelizzazione, essa lo conserva come un deposito vivente e prezioso, non per tenerlo nascosto, ma per comunicarlo.

- Inviata ed evangelizzata, la Chiesa, a sua volta, invia gli evangelizzatori. Mette nella loro bocca la Parola che salva, spiega loro il messaggio di cui essa stessa è depositaria, dà loro il mandato che essa stessa ha ricevuto e li manda a predicare: ma non a predicare le proprie persone o le loro idee personali (43), bensì un Vangelo di cui né essi, né essa sono padroni e proprietari assoluti per disporne a loro arbitrio, ma ministri per trasmetterlo con estrema fedeltà».

(PAOLO VI, *Evangelii Nuntiandi*. Esortazione apostolica, 8 dicembre 1975, 15).

MIX
Papier aus verantwortungsvollen Quellen
Paper from responsible sources
FSC® C105338

Printed by Books on Demand GmbH, Norderstedt / Germany